Michaela Kuhn

Mode und Nachhaltigkeit

Eine Untersuchung auf der Grundlage von Georg Simmels "Philosophie der Mode"

GRIN Verlag

Bibliografische Information der Deutschen Nationalbibliothek:

Die Deutsche Bibliothek verzeichnet diese Publikation in der Deutschen National-
bibliografie; detaillierte bibliografische Daten sind im Internet über http://dnb.d-
nb.de/ abrufbar.

Impressum:

Copyright © 2013 GRIN Verlag GmbH
Druck und Bindung: Books on Demand GmbH, Norderstedt Germany
ISBN: 978-3-656-75764-1

Dieses Buch bei GRIN:

http://www.grin.com/de/e-book/272333/mode-und-nachhaltigkeit

GRIN - Your knowledge has value

Der GRIN Verlag publiziert seit 1998 wissenschaftliche Arbeiten von Studenten, Hochschullehrern und anderen Akademikern als eBook und gedrucktes Buch. Die Verlagswebsite www.grin.com ist die ideale Plattform zur Veröffentlichung von Hausarbeiten, Abschlussarbeiten, wissenschaftlichen Aufsätzen, Dissertationen und Fachbüchern.

Besuchen Sie uns im Internet:

http://www.grin.com/

http://www.facebook.com/grincom

http://www.twitter.com/grin_com

Mode und Nachhaltigkeit

Eine Untersuchung auf der Grundlage von Georg Simmels
Philosophie der Mode

Bachelorarbeit
im Zwei-Fächer-Bachelorstudiengang Philosophie
der Philosophischen Fakultät
der Christian-Albrechts-Universität zu Kiel

Kiel im Oktober 2013

Inhaltsverzeichnis

1. Einleitung   1

2. Überblick über die *Philosophie der Mode* von Georg Simmel   3

3. Die Mode   10

4. Nachahmung, individuelle Differenzierung und die Bedeutung der Individualität   11

5. Moderne Beschleuniger des Modewandels   16
5.1 Die Beziehung von Kapitalismus und Mode   16
5.2 Massenproduktion und Massenmedien   17

6. Alles ist im Umbruch   19
6.1 Gegenwart als verbleibende stabile Größe   19
6.2 Frauenmode   20
6.3 Jugendmode   21
6.4 Neues und Wandel   21

7. Paradoxien, Widersprüchlichkeiten und Seltsamkeiten in Bezug auf Mode   24
7.1 Wandel und Beständigkeit   24
7.2 Kauf, Gebrauch, Verschleiß   24
7.3 Konsumterror   25
7.4 Anti-Moden   25
7.5 Scham und Verhüllung   26
7.6 Das Individuum im Staat   26

8. Schluss   27

Literaturverzeichnis   29

1. Einleitung

Sich zu kleiden ist für den Menschen ein Grundbedürfnis. Er tut dies aus Scham oder zum Schutz gegen Witterung. Wenn es bei diesen Motivierungen bliebe, wäre jede Art von Bekleidung ausschließlich zweckmäßig. Im Fall der Berufsbekleidung ist dies tatsächlich größtenteils so. Aber in fast allen anderen Fällen ist Bekleidung geprägt von Mode.[1] Die Inhalte der Mode wechseln in bestimmten zeitlichen Abschnitten – nicht nur zwischen Sommer und Winter, was noch relativ zweckmäßig wäre. In den sich beschleunigenden gesellschaftlichen Wandlungsprozessen wechseln auch die Inhalte der Mode schneller. Da die Mode mehr und mehr Bereiche neben der Bekleidung in sich aufnimmt, erhöht sich auch das Ausmaß der sich im Umschwung befindlichen Gegenstände.

Die gesteigerte Geschwindigkeit der Neuerungen und Veränderungen ermöglicht viele positive Entwicklungen; aber sie hat auch negative Folgen. Für die Individuen wird die Zeit, sich auf Gegebenheiten einzustellen immer kürzer, weil sie sogleich von neuen abgelöst werden. Es wird schwieriger Verlässliches zu finden, an dem eine Orientierung und Ausrichtung des Inneren möglich ist. Mode hat den Wechsel als Prinzip. Sie lebt von Veränderungen, von der Zuwendung hin zu Neuem. Würde sich nichts ändern, würde es keine Mode geben. So ist ihre Macht am größten, je mehr und je schneller sich die Erscheinungen wandeln. Da eine Mode nicht abwartet, ob Sachen aufgetragen, verbraucht oder verschlissen sind, bevor eine vorangegangene Mode alte ablöst, müssen sich die Sachen akkumulieren. Wenn diesem Umstand entgegen gewirkt wird, indem Gegenstände von geringer Haltbarkeit hergestellt werden, sind sie zwar am Ende einer Mode tatsächlich nicht mehr nutzbar, aber eine Akkumulation wird dennoch stattfinden. In dem Fall handelt es sich dann jedoch um Müll.

Ist es auch möglich, außerhalb des Einflusses von Mode zu leben? Lassen sich die zuvor kurz angerissenen Folgen abwehren, wenn dem nicht so ist? Was treibt uns zur Mode?

Die Intention der vorliegenden Arbeit ist es, herauszufinden, ob es möglich ist,

---

[1] Diese Arbeit beschäftigt sich mit der Mode, so wie sie im westlichen Kulturkreis bekannt ist. Auf Trachten Sitten und Gebräuche von stärker traditions- oder religionsgebundenen Gruppen kann im Rahmen dieser Arbeit nicht eingegangen werden.

Mode als gesellschaftliches Phänomen zu akzeptieren und dennoch ihre negativen Auswirkungen zu unterbinden oder zumindest einzuschränken. Kurz – Kann Mode nachhaltig integriert und gelebt werden?

Zur Bearbeitung dieser Frage möchte ich die gesellschaftlichen Gründe freilegen, die es ermöglichen, dass Mode einen so großen Einfluss ausüben kann. Es wird nach Bedingungen im Individuum und im gesellschaftlichen Zusammenleben gesucht, die die Entstehung von Mode und den Modewechsel beeinflussen.

Um dieses Ziel zu erreichen zieht diese Arbeit die *Philosophie der Mode* von Georg Simmel heran. Simmels Ausarbeitungen bilden eine geeignete Grundlage, weil Mode dort nicht als bloße Kleidermode behandelt wird. Auch in der vorliegenden Arbeit umfasst Mode weitere Bereiche, wie noch genauer ausgeführt werden wird. Des Weiteren legt Simmel der Mode, die im gesellschaftlichen Kontext verortet ist, den Dualismus von Individualität und Nachahmung zu Grunde. Als elementare gesellschaftliche Erscheinung bildet sie eine Basis, von der die Mode ihre Macht bezieht.

Wandel und Wechsel sind ebenfalls Themen der Philosophie der Mode. Da sich die Gegebenheiten und Moden in der Gesellschaft mit wachsender Geschwindigkeit abzulösen scheinen, ist dies ebenfalls ein guter Punkt, um dort einzuhaken und für die vorliegende Arbeit zu nutzen.

Nicht zuletzt ist Simmels Ausarbeitung interessant, weil sie bereits vor über 100 Jahren verfasst wurde und dennoch aktuell ist. Daraus wird ersichtlich, dass dort bereits fundamentale Erkenntnisse erbracht wurden. Da sich diese Arbeit auf die heutige westliche Gesellschaft bezieht, wird auf den Erkenntnissen der *Philosophie der Mode* aufgebaut und mit Erscheinungen der neueren Zeit ergänzt werden.

Die Philosophie der Mode bildet als Grundlage den ersten Teil der folgenden Ausführungen. An diese schließt ein Kapitel zur Mode an, welches sie charakterisiert und beschreibt. Der Dualismus von Individualität und Nachahmung wurde bereits erwähnt. Ihm ist das an die Mode anschließende Kapitel gewidmet. Da der Gedanke an Mode und ihre negativen Folgen unweigerlich den Kapitalismus mit einschließt, soll auf die Beziehung zwischen beiden eingegangen werden. Darauf folgen weitere Aspekte, die Simmel in der Philosophie der Mode erwähnt, die einerseits nochmal genauere Beachtung finden sollen, weil sie in der heutigen Gesellschaft so auffällig oder maßgeblich sind und die Beantwortung der Ausgangsfrage unterstützen. Der Hauptteil schließt mit Paradoxien im Zusammenhang mit Mode ab. Diese klingen teilweise bereits bei Simmel an und helfen noch einmal zu verstehen, welche Dimensionen an Ausmaß und Einfluss die Mode für sich beansprucht.

2. Überblick über die *Philosophie der Mode* von Georg Simmel

Die *Philosophie der Mode* basiert auf der Feststellung: „der Mensch ist ein dualistisches Wesen von Anbeginn an".[2] Das Leben bewegt sich stets zwischen zwei Polen der verschiedensten Erscheinungen und gewinnt daraus seinen Reichtum. Auf dieser Grundlage wird ein ganz bestimmter Dualismus aufgebaut, der sich durch die gesamte *Philosophie der Mode* zieht und somit ihr Hauptthema ist – der Dualismus von Nachahmung und individueller Differenzierung im gesellschaftlichen Miteinander.[3] Durch Nachahmung ist es möglich, sinnvoll und zweckmäßig zu handeln, ohne dafür selbst entscheiden zu müssen. Sie entlastet von ethischer und ästhetischer Verantwortung.[4] Das Individuum übernimmt die Handlungen der Gruppe und verringert die Wahrscheinlichkeit sozialer Ausgrenzung. Bei Simmel klingt bereits eine Hierarchie an, wenn er von der Nachahmung zur Beschreibung des Sich-Abhebens übergeht. Eigenes, zielgerichtetes Denken erhält einen größeren Wert als das Nachahmen. „Der Nachahmungstrieb als Prinzip charakterisiert eine Entwicklungsstufe, auf der der Wunsch zweckmäßiger persönlicher Tätigkeit lebendig, aber die Fähigkeit, individuelle Inhalte derselben zu gewinnen, nicht vorhanden ist. Der Fortschritt über diese Stufe hinaus ist der, dass außer dem Gegebenen, dem Vergangenen, dem

[2] siehe Georg Simmel: Philosophie der Mode. In: Philosophie der Mode (1905). Die Religion (1906/1912). Kant und Goethe (1906/1916). Schopenhauer und Nietzsche (1907). hrsg. v. Michael Behr, Volhard Krech u. Gert Schmidt. In Georg Simmel Gesamtausgabe. hrsg. v. Otthein Rammstedt. Bd. 10. Frankfurt am Main 1995, S. 9.

[3] vgl. ebd., S. 10f.

[4] vgl. Georg Simmel: Zur Psychologie der Mode. Sociologische Studie. In: Aufsätze und Abhandlungen 1894-1900. hrsg. v. Heinz-Jürgen Dahme u. David Frisby. In: Georg Simmel Gesamtausgabe. hrsg. v. Otthein Rammstedt. Bd. 5. Frankfurt am Main 1992, S. 114.

Überlieferten *die Zukunft* das Denken, Handeln und Fühlen bestimmt; der teleologische Mensch ist der Gegenpol des Nachahmenden."[5] *Fortschritt* wird an dieser Stelle jedoch nicht weiter bewertet. Im Dualismus wäre eine Hierarchie ein wenig paradox. Dennoch ist der Begriff „Fortschritt" auf mehreren Ebenen sehr zutreffend und wird diese Arbeit auf einer Metaebene begleiten. Es ist ein Fortschreiten von der Gruppe, eine Absonderung bzw. ein Heraustreten. Außerdem ist es ein Fortschritt in historischem Sinne; scheint es doch in jüngster Zeit immer wichtiger zu sein, etwas Individuelles und Besonderes zu sein oder zumindest darzustellen.

An dieser Stelle kommt die Mode ins Spiel, weil es ihr gelingt, beide Aspekte unter sich zu vereinen. Einerseits ist es möglich, das zu tun, was alle tun. Andererseits besteht durch den steten Wandel der Modeinhalte die Möglichkeit, auch individuell zu handeln.[6] Wenn ständig alles in Bewegung ist, kann nie ein Zustand völliger Anpassung erreicht werden. Oder aber es bieten sich, noch bevor dieser Zustand in der Gesellschaft erreicht ist, neue Richtungen, in die fortgeschritten werden kann. Dass eine Mode nie vollständig bei jedem einzelnen Mitglied der Gesellschaft angelangt, liegt für Simmel auch darin begründet, dass „Moden immer Klassenmoden sind".[7] Ein System aus Klassen[8] trennt die Gesellschaft in verschiedenen Gruppen. Gleichzeitig sind die Mitglieder der einzelnen Gruppen stärker miteinander verbunden, was wiederum durch die Moden dieser Gruppen sichtbar ist und sich in ihrer äußeren Erscheinung und Ausdrucksweise sowie den Dingen, mit denen sich sich umgeben und den Orten, an denen sie sich aufhalten, äußert. Da die einzelnen Klassen versuchen nach oben zu streben, sind es die jeweils Oberen, die sich zur Abgrenzung wiederum neuen Moden zuwenden, sobald diese von den unteren Klassen übernommen wurden. Als Beleg dafür, dass Moden Klassenmode sind und eine trennende und somit ausschließlich soziale Funktion haben, führt Simmel an, dass sie zumeist jedweder Zweckmäßigkeit entbehren. Mode und ihre Inhalte hätten nicht den Anspruch nützlich oder dienlich zu sein. Ebenso wenig stellt die Mode einen ästhetischen Anspruch an sich, „womit

---

[5]siehe ebd., S.10f.
[6]vgl. ebd., S. 11.
[7]siehe ebd., S.11.
[8]Die hier und im Folgenden aufgeführten gesellschaftsneschreibenden Termini sind den Ausführungen Simmels entnommen. Auf eine genaue Differenzierung kann im Rahmen dieser Arbeit jedoch nicht eingegangen werden.

sie eben auf andere Motivierungen, nämlich die formal-sozialen, als die einzig übrig bleibenden hinweist".[9]

Nicht nur die Übernahme von Moden durch untere Schichten ist für Simmel ein Motor des Modewandels, auch das Bedürfnis nach Neuem, nach dem Reiz, den ein Unterschied mit sich bringt, treibt den Wechsel an.[10] Das unterscheidende Element in der Mode liegt jedoch nicht nur im individuellen Bereich. Es geht nicht nur um das *sich ständig neu erfinden*, sondern, wie bereits erläutert wurde, um die Unterscheidung von anderen. So muss denn eine Mode enden, sobald sie von der Mehrheit der Individuen aufgegriffen wurde, weil dies die Unterschiedlichkeit aufhebt.[11] Nicht nur einzelne Moden, sondern die Mode überhaupt würde ihre Macht verlieren, wenn nur eines der beiden bereits thematisierten Elemente fehlen würde: das Bedürfnis des Zusammenschlusses und das Bedürfnis der Absonderung.[12] Solange dies jedoch nicht der Fall ist, herrscht die Mode mit ihrem ständigen Wandel, mit der Negation der Vergangenheit, einer dank ihrer Unberechenbarkeit ungewissen Zukunft und einem enormen Gegenwartsbezug. „Der Bruch mit der Vergangenheit, den zu vollziehen die Kulturmenschheit seit mehr als hundert Jahren sich unablässig bemüht, spitzt das Bewusstsein mehr und mehr auf die Gegenwart zu. Diese Betonung der Gegenwart ist ersichtlich zugleich Betonung des Wechsels, und in demselben Maße, in dem ein Stand Träger der bezeichneten Kulturtendenz ist, in demselben Maß wird er sich der Mode auf allen Gebieten, keineswegs etwa nur auf dem der Kleidung, zuwenden, ja es ist fast ein Zeichen der gestiegenen Macht der Mode, dass sie statt ihrer ursprünglichen Domäne: der Äußerlichkeiten des Sichtragens, mehr und mehr auch den Geschmack, die theoretischen Überzeugungen, ja die sittlichen Fundamente des Lebens in ihre Wechselform hinabzieht."[13] An späterer Stelle seiner Ausführungen verwendet Simmel eine noch gewaltsamere Sprache, um die Verflechtung von der Negation des Alten und dem Zuwenden zu Neuem in der Mode zu beschreiben: „Das Leben gemäß der Mode ist in sachlicher Hinsicht eine Mischung von Zerstören und Aufbauen, in dem Vernichten einer früheren Form gewinnt ihr Inhalt seinen Charakter, er besitzt eine eigentümliche Einheitlichkeit, in der die

[9]siehe ebd., S. 13.
[10]vgl. ebdd., S. 15f.
[11]vgl. ebd., S. 16.
[12]vgl. ebd., S. 15.
[13]siehe ebd., S. 17.

Befriedigung des Zerstörungstriebes und des Triebes zu positiven Inhalten nicht mehr voneinander zu trennen sind."[14]

Da, wie aufgezeigt wurde, eine Mode nie bei allen angelangt und zuerst im Umfeld der oberen Klassen zu finden ist, spielt Neid bei Simmel eine entscheidende Rolle. „Es gibt eine Nuance des Neides, die eine Art ideellen Anteilhabens an den beneideten Gegenständen einschließt. […] Indem man einen Gegenstand oder einen Menschen beneidet, ist man schon nicht mehr absolut von ihm ausgeschlossen, man hat irgend eine Beziehung zu jenem gewonnen, zwischen beiden besteht nun der gleiche seelische Inhalt, wenngleich in ganz verschiedenen Kategorien und Gefühlsformen."[15] Diese Neidgefühle sind jedoch in bestimmter Weise gemildert, da durchaus die Möglichkeit besteht, eines Tages selbst in den Besitzt des beneideten Gutes zu kommen. Gerade in der Mode, von der Niemand gänzlich ausgeschlossen ist, ist dies möglich.[16]

Es ist sehr paradox – obgleich die Mode in der Gesellschaft einen immer größeren Platz einnimmt, scheint sie und den Menschen, die ihr folgen, nicht der beste Ruf zu begleiten. Auch Simmel rückt Modeanhänger nicht in das beste Licht, wenn er sagt, dass „die Mode der eigentliche Tummelplatz für Individuen ist, welche innerlich unselbstständig und anlehnungsbedürftig sind, deren Selbstgefühl aber doch zugleich einer gewissen Auszeichnung, Aufmerksamkeit, Besonderung bedarf. Sie erhebt den Unbedeutenden dadurch, dass sie ihn zum Repräsentanten einer Gesamtheit macht, zur Verkörperung eines Gesamtgeistes."[17]

Nun ist natürlich nicht jeder ein Anhänger der Mode. Manch einer mag sich vielleicht gerade durch sie in seiner Individualität bedroht sehen und wählt daher den Weg, sich ihr entgegen zu stellen. Er macht das, was gerade nicht Mode ist. Die Negation der Mode ist für Simmel jedoch lediglich eine „Nachahmung mit umgekehrtem Vorzeichen"[18] und ein Beweis für die soziale Macht der Mode. Es kann sogar in bestimmten Gruppen Mode werde, sich unmodern zu kleiden. Egal also aus welchem Motiv man sich ihr zu- oder abwendet, ob aus Stärke oder Anlehnungsbedürftigkeit, ob aus Angst, Individualität einzubüßen oder um ihre

---

[14]siehe ebd., S.20.
[15]siehe ebd., S. 18.
[16]vgl. ebd., S. 18.
[17]siehe ebd., S. 18f.
[18]siehe ebd., S. 20.

Einzigartigkeit Anerkennung suchend hervorzutun, es ist kein Vorbeikommen möglich.[19]

Lenkt man die Aufmerksamkeit auf das Modeinteresse der beiden Geschlechter, sind es augenscheinlich die Frauen, die darin am stärksten aufgehen. Simmel begründet diese Auffälligkeit mit der schwächeren sozialen Position, die den Frauen seit jeher zufällt. Die daraus resultierenden begrenzten Möglichkeiten werden nun in der Mode kompensiert; wobei es den Frauen möglich ist, sich im Schutze dessen zu wiegen, was sich ziemt und gleichzeitig auch ihre Individualität in dem vorgegebenen Rahmen so weit wie möglich herauszustellen.[20] „So scheint es, als wäre die Mode gleichsam das Ventil, aus dem das Bedürfnis der Frauen nach irgendeinem Maß der Auszeichnung und individueller Hervorgehobenheit ausbräche, wenn ihnen dessen Befriedigung auf anderen Gebieten mehr versagt ist.“[21] Als weiteren Grund für das stärkere Modeinteresse der Frauen führt Simmel an, dass diese vom Wesen her treuer und gleichmütiger seien als Männer, weshalb sie im Äußeren der Abwechslung bedürften.[22]

Obgleich die Mode nicht nur Äußerlichkeiten wie Frisur und Kleidung, sondern auch Gestus und Habitus und zunehmend sogar auch Dinge des täglichen Bedarfs erfasst, sich in Architektur, Literatur, in unserer gesamten Kultur immer weiter ausbreitet, vermag sie es doch nicht, unser Innerstes zu ergreifen. Der Kern des Menschen bleibt unverändert, „denn die Form der Veränderlichkeit, in der sie sich ihm bietet, ist doch unter allen Umständen ein Gegensatz gegen die Beständigkeit des Ichgefühles, ja dieses letztere muss gerade an diesem Gegensatz sich seiner relativen Dauer bewusst werden, nur an diesem Dauernden kann die Veränderlichkeit jener Inhalte sich überhaupt als Veränderlichkeit zeigen und ihren Reiz entfalten.“[23] Gerade dieser Wesenskern kann dank der Mode verhüllt und geschützt werden: Durch die Anpassung an die Mode kann nach außen hin der Schein gewahrt werden, sich in die Gesellschaft einzufügen, was nach innen eine größere Freiheit bedeutet. Der Mode kommt demnach auch die Funktion einer Maske zu. Ihr Träger macht sich ihre nivellierenden Eigenschaften zu Nutze.[24] Nicht nur Freiheitsdrang, auch Scham kann ein Grund sein, sein Inneres zu

---

[19]vgl. ebd., S. 20ff.
[20]vgl. ebd., S. 22.
[21]siehe ebd., S 22.
[22]vgl. ebd., S. 23.
[23]siehe ebd., S. 25.
[24]vgl. ebd., S. 25f.

verhüllen und sich in die Allgemeinheit einzufügen. Der Auslöser des Schamgefühls ist dabei jedoch nicht der spezifische Sachverhalt, für den man sich schämt, sondern die Tatsache des Sich-abhebens.[25] „Die Mode nun bietet wegen ihrer eigentümlichen inneren Struktur ein Sich-abheben, das immer als angemessen empfunden wird. Die noch so extravaganteste Erscheinungs- und Äußerungsart ist, insoweit sie Mode ist, vor jenen peinlichen Reflexen geschützt, die das Individuum sonst fühlt, wenn es der Gegenstand der Aufmerksamkeit anderer ist."[26] Die Freiheit des Inneren wurde bereits angedeutet. Der Gegenpol zur Freiheit ist die Bindung. Ob nun innerlich oder äußerlich, das Individuum bewegt sich stets zwischen diesen beiden Polen und kann dabei nie völlig nur einen von beiden besetzen. Simmel stellt diesen Polen das Innere und Äußere an die Seite und fordert, das Leben so zu gestalten, dass seine Inhalte möglichst förderlich in diesem Rahmen verteilt sind. Ihm scheint ein Leben am besten, dessen auf die Gesellschaft bezogene Teile sich an die sozialen Normen binden, wodurch jedoch das Innere mehr und mehr Freiheit erlangt. Die Mode gäbe dem Menschen die Möglichkeit an die Hand, sich in sein Sozialgefüge einzugliedern und dadurch Freiheit zu erlangen, sich auf seinen Wesenskern konzentrieren zu können.[27] Da, bedingt durch Nachahmung, keine eigenen Entscheidungen und Abwägungen getroffen werden müssen, kann die eingesparte mentale Energie und Zeit für die persönliche Bewusstwerdung genutzt werden.

So wie es den Modewandel innerhalb einer Gesellschaft gibt, so gibt es ihn ebenso bezogen auf das Individuum. Auch der Einzelne kann das Bedürfnis verspüren, sich von eigenen alten Verhaltensweisen oder Ähnlichem zu trennen und sie durch neue zu ersetzen. Simmel nennt dies Personal- bzw. Individualmoden.[28]

Gruppen- oder Personalmoden können zum Beispiel daraus bestehen, Dingen bestimmte, mehr oder weniger sinnvolle Bezeichnungen zu geben und ihnen somit etwas Fremdes aufzuerlegen. „Es ist nicht zu leugnen: indem den Dingen durch jene Bezeichnungsmoden Gewalt angetan wird, indem sie alle gleichmäßig in eine von und an sie herangebrachte Kategorie eingekleidet werden, übt das Individuum einen Machtanspruch über sie, es gewinnt ein individuelles Kraftgefühl, eine Betonung des Ich ihnen gegenüber."[29]

---

[25]vgl. ebd., S. 26f.
[26]siehe ebd. S. 27.
[27]vgl. ebd., S. 27ff.
[28]vgl. ebd., S. 29f.
[29]siehe ebd., S. 30.

Wie vorangegangen bereits erläutert, sind es die oberen Klassen von denen Moden ausgehen. Da den höheren Klassen jedoch kaum noch etwas zu einer besseren Stellung verhelfen kann, aber verschiedenste Vorfälle ihre Stellung bedrohen können, sind sie kaum affin gegenüber Veränderungen. „Die eigentliche Variabilität des geschichtlichen Lebens liegt deshalb im Mittelstand […].“[30] Im Laufe der letzten Jahrhunderte gewinnt dieser an Macht und Einfluss sowie an Wohlstand. „Und ganz direkt muss der soziale Fortschritt den raschen Wechsel der Mode begünstigen, weil er tiefer Stehenden so viel rascher zur Nachahmung der Höheren befähigt und damit jenar oben charakterisierte Prozess, in dem die tiefere sich ihrer bemächtigt, eine früher ungeahnte Breite und Lebendigkeit gewonnen hat.“[31] Dies hat unter anderem zur Folge, dass Kleidung nicht mehr so kostbar oder der Erwerb eines Habitus so mühselig sein kann, weil die Kosten und Mühen nicht mehr durch deren Langlebigkeit ausgeglichen werden. Des Weiteren müssen die Produkte günstig sein, weil die breite Masse eine enorme Kaufkraft hat und sich die Industrie deshalb nach ihr richtet. Auch der Reichtum der oberen Schichten ist nicht unerschöpflich ist, wird jedoch bei schnellem Modewechsel stärker beansprucht.[32]

Obgleich die Mode vom Wechsel ihrer Inhalte lebt, ist es auch zeitliche Dauer, die ihr Erscheinungsbild prägt. Die Mode an sich ist beständig, der Wandel vollzieht sich an ihren Inhalten.[33] „Die Tatsache, dass der Wechsel selbst nicht wechselt, gibt hier jedem der Gegenstände, an denen er sich vollzieht, einen psychologischen Schimmer von Dauer.“[34] Dass sich die Inhalte der Mode in gewissen Abständen wiederholen, sieht Simmel darin begründet, dass es der Mode lediglich auf den Wechsel ankommt, den sie mit den sparsamsten Mitteln zu erreichen sucht. Die alte, wieder aufgenommene Mode, muss lediglich so weit aus dem Gedächtnis verschwunden sein, dass der Reiz des Wechsels von der noch Vorherrschenden zu ihr groß genug ist.[35]

Wie bereits aufgezeigt, umfasst der Bereich der Mode nicht nur Kleidung, sondern auch Habitus, Gebrauchsgegenstände und dehnt sich in nahezu alle Lebensbereiche

---

[30]siehe ebd., S. 31.
[31]siehe ebd., S. 32.
[32]vgl. ebd., S. 32f.
[33]vgl. ebd., S. 33f.
[34]siehe ebd., S. 34.
[35]vgl. ebd., S. 34.

aus. Obgleich es der Mode gelingt, beinahe alles zu ergreifen, gibt es doch Dinge, die sich eher von ihr beherrschen lassen als andere.[36] „So ist z. B. der Modeform alles relativ fern und fremd, was man als klassisch bezeichnen kann, obgleich es sich natürlich gelegentlich auch ihr nicht entziehen kann. Denn das Wesen des Klassischen ist eine Konzentriertheit der Erscheinung um einen ruhenden Mittelpunkt, die Klassik hat etwas Gesammeltes, was gleichsam nicht so viele Angriffspunkte bietet, an denen Modifikation, Störung, Vernichtung der Balance ansetzen könnte."[37]

Am Ende der *Philosophie der Mode* hebt Simmel noch einmal folgende Gegensätze und Paradoxien der Mode hervor: ihre alles ergreifende Ausdehnung sowie ihre abrupte und gnadenlose Vergänglichkeit, ihrer Fähigkeit, Menschen in sozialen Gruppen zusammen zu schließen und gleichzeitig andere davon abzutrennen, sowie durch Nachahmung von jeglicher Verantwortung befreit zu werden während man in der Masse verschwindet und sich darüber hinaus innerhalb dieses Rahmens hervorzutun.[38]

3. Die Mode

Wie bereits aus der *Philosophie der Mode* hervorgeht, versteht Simmel Mode nicht bloß als Kleidermode. Mode greift immer weiter um sich. Auch Gebrauchsgegenstände unterliegen mehr und mehr der Mode. Ansonsten bräuchte ein gelb-blaues Möbelhaus nicht ein Mal im Jahr einen neuen Katalog herausbringen oder ein noch funktionierendes Fernsehgerät gegen ein flacheres eingetauscht werden.

Um den vorangegangen beschriebenen Modebegriff weiter zu differenzieren, sollen anhand anderer Theoretiker im Folgenen noch weitere Charakteristika und Beschreibungen der Mode erarbeitet werden. Thomas Schnierer äußert: „Von

---

[36]vgl. ebd., S 34f.
[37]siehe ebd., S. 35.
[38]vgl. ebd., S. 37.

Mode spricht man im Alltag nur dann, wenn die entsprechende Verhaltensweise von einer Vielzahl von Menschen an den Tag gelegt wird."[39] Als Charakteristika von Mode führt Schnierer Kollektivität und Kurzlebigkeit sowie Unberechenbarkeit, Beliebigkeit der Inhalte und Zufälligkeit an.[40]

„Die Mode ist bekanntlich ein ganz eigentümliches Ding, launisch und wetterwendisch und tyrannisch zugleich"[41], heißt es bereits 1880 in dem von Friedrich Kleinwächter ebenfalls *Philosophie der Mode* benannten Werk. Ferner sei sie „[...] lediglich ein Ausfluss des Strebens, das edelste Kunstwerk, das die Natur geschaffen, den menschlichen Körper, in den entsprechenden Rahmen zu fassen."[42]

Ein weiteres Charakteristikum ist die Reflexivität der Mode in mehrfacher Hinsicht. Zum einen gibt es kaum festgeschriebene Ideale. Das was als schön empfunden wird, wird ständig umgeschrieben. Die Leerstellen, denen sich der Betrachter gegenüber sieht, veranlassen in zwangsläufig, sich ein eigenes Verständnis zu erarbeiten bzw. jede Erscheinung aufs Neue einzuordnen zu versuchen. Durch diesen Prozess erhält der betrachtete Gegenstand eine subjektive Dimension.[43]

Wie unnatürlich und inhaltsleer die Mode ist, wird deutlich, wenn wir betrachten, dass selbst zufällig Erscheinendes nicht zufällig ist. Denn damit beispielsweise der *Casual Look* auch als solcher erkannt und nicht als bloße Schlampigkeit verstanden wird, muss die klare Entscheidung dazu erkennbar sein. Schon liegt das Primat auf dem äußeren Schein und nicht mehr auf der Bequemlichkeit selbst.[44] Der Eindruck ist wichtig und die Erkennbarkeit im gemeinsamen gesellschaftlichen Verständnis von Mode. In diesem Zusammenhang wird die Reflexivität der Mode erkennbar. Das Individuum entscheidet sich nicht bloß für ein Kleidungsstück und eine Qualität dessen, in diesem Fall Bequemlichkeit. Es entscheidet sich für einen Eindruck, den es hinterlassen möchte und wählt danach seine Ausdrucksformen.[45] In diesem Verhalten sieht Esposito begründet, weshalb Mode den Eindruck von Leere und einem Mangel an Authentizität vermittelt. Als

---

[39] siehe Thomas Schnierer: Die (Ir-)Rationalität der Mode und ihre theoretische Bewältigung. In: Soziale Welt. Göttingen. Jahrgang 1995, Heft 2, S. 223

[40] vgl. ebd. S. 223.

[41] siehe Friedrich Kleinwächter: Philosophie der Mode. Berlin 1880, S. 3.

[42] siehe ebd., S. 44.

[43] vgl. Ingeborg Harms: Hardbody – Softbody. Die Schönheit trägt Waffen. In: der blaue reiter – Journal für Philosophie. Ausgabe 12 (2/2000). Schön sein. S. 20f.

[44] vgl. Esposito, S. 17.

[45] vgl. ebd., S. 30f.

würde man annehmen, dass der Rückbezug auf anderen die eigenen inneren Bezüge nichtig werden ließe.[46]

4. Nachahmung, individuelle Differenzierung und die Bedeutung der Individualität

Durch die *Philosophie der Mode* zieht sich ein bestimmter Gegensatz – der von Nachahmung und individueller Differenzierung. Im weiteren Sinn ist es die Gegenüberstellung von Individuum und Gesellschaft. Die Mode schafft es, diese scheinbaren Gegensätze zu bedienen.

Der Frage, ob etwas passt oder korrekt ist oder eben nicht, ist die in/out-Unterscheidung der Mode vorgelagert. Die Mode selektiert quasi vor und gibt Orientierung.[47]

Nach Friedrich Kleinwächter, kann ein großer gesellschaftlicher Druck hinter dem Drang zur Nachahmung stehen. „Wer ängstlich bestrebt ist, die jeweilig herrschende Mode stets nachzuahmen, denkt entweder: ‚Die feinen Leute tragen gegenwärtig Kleider von dieser Form, wenn ich also auch derartige Kleider trage, so werde ich auch fein sein'; oder aber er denkt: ‚die feinen Leute tragen gegenwärtig Kleider von dieser Form, wenn ich daher keine derartigen Kleider trage, wird man mich für unfein halten.'"[48] Um diese Aussage in unser Jahrhundert zu transferieren, braucht man nur „unfein" durch „uninformiert", „altbacken", „nicht auf der Höhe der Zeit" oder ähnliches zu ersetzen.

Bei der Nachahmung geht es nicht um eine bestimmte Qualität, die sich das Individuum aneignet, sondern um die Andersartigkeit nach welcher gestrebt wird. Das Neue eröffnet die Möglichkeit sich Dinge anzueignen, die den Einzelnen von den anderen unterscheidbar machen. Diese Jagd nach dem Neuen wird nachgeahmt. Da es jedoch nur das Neue ist, was nachgeahmt wird, gibt niemand seine Andersartigkeit auf.[49]

Wenn große Menschenmengen relativ gleich handeln, kann dies nicht immer als

---

[46]vgl. ebd., S. 31.
[47]vgl. Esposito, S. 159.
[48]siehe Kleinwächter, S. 38.
[49]vgl. Esposito, S. 159.

Nachahmung oder Mode bezeichnet werden. Ein ähnlicher Lebensstil kann auch aus gleichen Lebensbedingungen resultieren. Wenn die wirtschaftlichen oder auch die politischen Möglichkeiten eingeschränkt sind, bleiben nicht viele Alternativen, aus denen man wählen kann und es entstehen vordergründig Gleichförmigkeiten.[50] Nachahmung kann dennoch ergänzend hinzutreten. So wie nicht alles Ähnliche Nachahmung ist, kann Nachahmung auch nicht einfach so stattfinden. Es müssen verbindende Elemente bzw. eine Beziehung zwischen Nachahmendem und Nachgeahmten vorhanden sein. Nachgeahmt wird in der Regel ein Mensch aufgrund von Sympathie, seiner sozialen Stellung oder bestimmter Leistungen. Sowie es fördernde Bedingungen gibt, gibt es natürlich auch hemmende. Ein hemmender Aspekt wäre der, dass uns die entsprechende Handlungsweise irrational oder unsinnig erscheint. Sie kann uns jedoch auch schlichtweg fremd sein, wenn es sich z.B. um eine fremde Kultur handelt oder aber auch nur um eine andere Bevölkerungsschicht, deren Verhalten uns fern ist.[51]

Dies leitet eine weitere Voraussetzung für Nachahmung ein, nämlich jene, dass „jeder Nachahmung ein Akt des Aufnehmens von etwas Anderem und des Verstehens vorausgehen muss. Für dieses Verstehen müssen gewisse Gemeinsamkeiten, vornehmlich im Bereich der Kultur verortet, vorhanden sein.[52]

In eine ähnliche Richtung weist die Tatsache, dass individuelle Auszeichnung von den anderen anerkannt werden muss. Dafür ist es notwendig, dass sich der, der sich abheben will, an etwas orientiert, dass von den Anderen als Auszeichnung akzeptiert wird.[53] *„Damit bedeutet jede Auszeichnung zugleich Einordnung in den gesamten überlieferten Schatz traditioneller Wertvorstellungen der anderen, mit denen zusammen man lebt. Dies führt unmittelbar zu einer neuen Paradoxie: Auszeichnung und Einordnung in eine soziale Gruppe schließen einander nicht aus.*" (Hervorhebung bei König)[54]

Ein Grund, weshalb Mode so widerstrebende Gefühle hervorruft, ist die Glorifizierung der Individualität. Jeder ist einzigartig und darf und soll das zum Ausdruck bringen (können). Es gilt authentisch zu sein. Es scheint, als wäre die Entdeckung des Individualismus etwas völlig Neues. Dem ist mitnichten so. In

---

[50]vgl. René König: Menschheit auf dem Laufsteg. Die Mode im Zivilisationsprozess. hrsg. v. Hans Peter Thurn. In: René König. Schriften. hrsg. v. Heine von Alemann, Hans Joachim Hummel, Oliver König u. Hans Peter Thurn. Bd. 6. Opladen 1999, S. 125.
[51]vgl. König, S. 124.
[52]vgl. König, S. 126.
[53]vgl. König, S. 119.
[54]siehe König, S. 119.

früheren Gesellschaften, deren Interaktion vornehmlich unter persönlich Anwesenden stattfand, war es entscheidend, sich auf den Eindruck des Gegenüber verlassen zu können.[55] Der Mensch galt schon immer als Individuum und es war nicht nötig für den Einzelnen sich besonders hervortun. Im Gegenteil, durch sein *Verhalten* wurde jemand zum Helden, nicht durch die *Absicht*, welche als Eitelkeit oder bloße Selbstbewunderung interpretiert wurde.[56] Individualität war dem Einzelnen von Geburt an mitgegeben. Die unterschiedlichen Ausprägungen entspringen den Geburtsumständen, wie Stand, Religion usw. Daran gab es nicht viel zu ändern. Seine Individualität zu erfüllen bedeutete, sich eben gerade in diese Ordnung einzufügen.[57] Eike Beall formuliert diesen Sachverhalt äußerst plastisch: „Ein Bäcker trug die Bäckermütze, eine Tochter aus gutem Hause trug standesgemäße Kleider; und das darf keinesfalls als Konformismus missverstanden werden: Die Person, welche da mit Bäckermütze zur Mühle spazierte, war keinesfalls ein austauschbares, durch Uniformierungszwang entmündigtes Subjekt. Die ist eine überaus moderne Vorstellung, die erst möglich wurde, als der religiös begründete Wert des Individuums nicht mehr gewiss war und die verwaltete Massengesellschaft entstand."[58]

Auch Nachahmung wurde in früheren Zeiten noch gänzlich anders als heute verstanden bzw. war nicht so negativ, sondern im Gegenteil, positiv belegt. Es galt nicht als schlichtes Kopieren, denn das Vorbild war eher eine Art Stütze, die idealen Formen hervorzubringen und Ideen dazustellen und eher diese, als bestimmte Personen, nachzuahmen.[59] Im Mittelalter war es beispielsweise noch keine Schande, sich der geistigen Inhalte anderer zu bedienen ohne diese als fremd zu kennzeichnen. Sie wurden aufgenommen, transformiert und unter eigenem Namen wieder gegeben. Keiner erhob den Anspruch, dass die Ideen von ihm selber gekommen seien. Letztendlich lag die Inspiration nur in der Hand Gottes. In der heutigen Zeit jedoch ist Nachahmung unweigerlich mit dem Fehlen von Kreativität verbunden. Vorbilder gibt es dennoch und ihre Funktion ist quasi reziprok. Dem Nachahmenden geht es nicht mehr um die Vollkommenheit, die er zu

---

[55]vgl. Esposito, S. 44.
[56]vgl. ebd., S. 45f.
[57]vgl. ebd., S. 45f.
[58]siehe Eike Beall: Mode – Sprache des Selbst?. In: der blaue reiter – Journal für Philosophie.Ausgabe 24 (2/2007), S. 56.
[59]vgl. ebd., S. 47.

verwirklichen sucht, sondern um das Nachahmen der Originalität, die Unvollkommen sein muss. Das ist allerdings unwichtig, da es um die Verwirklichung der eigenen Inhalte geht.[60]

Was ist nun aber eigentlich Individualität? Norbert Elias konstatiert wie folgt: „Was wir die ‚Individualität' eines Menschen nennen, das ist in erster Linie eine Eigentümlichkeit seiner psychischen Funktionen, eine Gestaltqualität seiner Selbststeuerung in Beziehung zu anderen Menschen und Dingen. ‚Individualität', das ist ein Ausdruck für die besondere Art und den besonderen Grad, in dem sich die Gestaltqualität der psychischen Steuerung des einen Menschen von der anderer Menschen unterscheidet."[61]

Wie aufgezeigt, gibt es die Individualität, die jedem zukommt, einfach weil er als Einzelnes, Unteilbares geboren wurde. Auf der anderen Seite gibt es aber auch noch die Individualität, die man selbst erschafft durch Hervorhebung und Abgrenzung von anderen. Im ersten Fall spricht Simmel von quantitativem Individualismus, der die Autonomie eines jeden Menschen postuliere. Im zweiten Fall handelt es sich um qualitativen Individualismus, welcher vom quantitativen Individualismus als Basis ausgeht und Authentizität fordere. Individualität sei eine Einheit aus beiden.[62] Individualität bedeutet bei Simmel wiederum, dass ein Wesen sich auf der einen Seite als ein sich genügendes Selbst empfindet, als in sich zentriert, als Welt für sich; und auf der anderen Seite sich im Verhältnis zu einem größeren Ganzen spürt zu dem es gehört.[63] Doch die Suche nach diesem Verhältnis ist schwierig. Vergleicht man die Vorstellung von Gesellschaft und die von Individualität, wird sich nicht sofort eine Gemeinsamkeit offenbaren. Norbert Elias referiert in diesem Fall auf den Grundsatz der Gestalttheorie, dass das Ganze immer mehr ist, als die Summe seiner Teile. Beides getrennt zu betrachten ist auch insofern zwecklos, als dass das eine nicht ohne das andere existiert. Es gibt keine Gesellschaft ohne ihre Individuen und der Einzelne bedarf der Anderen zum Leben.[64] Das Individuum wird in einer Kultur großgezogen, die bereits vor ihm bestand und er kann während seines Lebens eigene Spuren hinterlassen. Er wurde

---

[60]vgl. ebd., S. 175.

[61]siehe Norbert Elias: Die Gesellschaft der Individuen. hrsg. v. Michael Schröter. Frankfurt am Main 1987, S. 87.

[62]vgl. Matthias Junge: Georg Simmel kompakt. Bielefeld 2009, S. 74.

[63]vgl. Georg Simmel: Individualismus. In: Aufsätze und Abhandlungen 1909-1918. Bd. 2. Hrsg. Klaus Latzel. In: Georg Simmel Gesamtausgabe. Bd. 13. Hrsg.: Otthein Rammstedt. Frankfurt am Main 2000, S. 300.

[64]vgl. Elias, S. 17ff.

geboren und von Eltern großgezogen und mit bestimmten Werten erzogen, die er wiederum durch seinen Lebenswandel in die Gesellschaft trägt. „Es gibt keine Ich-Identität ohne Wir-Identität.", so Elias.[65] Dennoch scheint es, als würde uns ein Stück Selbstbestimmtheit genommen werden, wenn wir anerkennen, dass andere Menschen Anteil an unserem Wesen haben. Unsere Wesenszüge erklären wir als aus uns heraus stammend und somit als unseren ganz eigenen Verdienst. Wiederum führen wir die Sachen, die wir vermögen auf diese natürlich vorhandenen Wesenszüge zurück.[66]

Das eigene Ich als alleinstehend und selbstgenügsam zu betrachten, verleiht dem Individuum nicht nur den Eindruck, etwas Besonderes zu sein, es gibt ihm auch einen Halt in einer Welt aus wechselnden Moden, widersprüchlichen Anforderungen und Überforderungen.[67] So findet das Individuum möglicherweise eine Konstante in einer sich rasend schnell verändernden Welt, in der keine angeborene gesellschaftliche Stellung und keine religiösen Werte darüber entscheiden, wie es sich zu verhalten hat. Da es aber immer noch in vielerlei Hinsicht von anderen abhängig ist, wird der Trubel der Welt dennoch wieder anderweitig Unwohlsein hervorrufen.

5. Moderne Beschleuniger des Modewandels

Moden wechseln mit zunehmender Geschwindigkeit. Waren es früher Frühjahr/Sommer und Herbst/Winter, die den Modewandel gestalteten, sind die Faktoren heutzutage kaum noch benennbar, die zum Wechsel einer Mode führen. Die Beschleuniger der Modeumschwünge kann man jedoch ergründen. Im folgenden werden welche aus moderner Zeit näher betrachtet.

5.1 Die Beziehung von Kapitalismus und Mode

---

[65] siehe Elias, S. 247.
[66] vgl. ebd., S. 86.
[67] vgl. Undine Eberlein: Einzigartigkeit. Das romantische Individualitätskonzept der Moderne. Frankfurt am Main 2000, S. 315.

„Die Mode ist des Kapitalismus liebstes Kind", wie es nach Werner Sombart im *Historischen Wörterbuch der Philosophie* heißt.[68]

Auch wenn dem so ist, dass die Mode dem Kapitalismus sehr zuträglich ist, sie symbiotisch aneinander und miteinander wachsen, so ist die Mode doch viel älter als der Kapitalismus. Anhand von archäologischen Funden und Höhlenmalereien geht die Kostümgeschichte davon aus, dass es bereits in der Altsteinzeit einen Wandel in Kleidung und Schmuck und somit Moden gab. Des Weiteren wurden auch schon in vor-kapitalistischer Zeit Schmuck, Edelsteine und Stoffe über weite Entfernungen transportiert. Durch neue Erfindungen und technische Weiterentwicklungen, wie z.B. den Webstuhl, setzte auch früher schon ein Wandel in der Mode ein.[69]

Auch den Raubbau, der zugunsten der Mode an der Natur begangen wurde, gab es schon früher. So berichtet etwa René König von einer Elefantenart, die 800 v. Chr. ausgerottet worden war, nachdem es 200 Jahre zuvor in Mode kam, Schmuck und Zierrat aus Elfenbein herzustellen.[70] Das war jedoch „nur" eine Art innerhalb von 200 Jahren. Dass die Mode in jüngster Zeit so stark mit dem Kapitalismus in Verbindung gebracht wird, liegt an der Beschleunigung, die auch die Umweltzerstörung angenommen hat. Eine Beschleunigung, der die Menschheit nicht auf allen Ebenen Herr ist. Es ist zwar möglich, Stoffe in den schönsten Farben herzustellen, aber für die giftigen Abwässer gibt es keine ausreichend umweltverträglichen Lösungen. Mit riesigen Schiffen ist es möglich unzählige Tonnen an Waren um den Globus zu schicken. Dennoch landen auch tausende Paar Sportschuhe in den Ozeanen, wenn ein Container über Bord geht. Die Entwicklung eines umweltverträglicheren Warenverkehrs scheint trotzdem nicht so schnell vorangetrieben zu werden wie die Entwicklung eines neuen Markenturnschuhs.

Laut René König liegt „ein tiefverwurzelter Drang im Menschen, oberflächlich und kapriziös zu sein". Er führt an, dass auch die Nukleartechnik aus einer Mode heraus so schnell Fuß hätte fassen können. Ohne langzeitliche Forschung wären Kernkraftwerke gebaut worden, deren Gefahr erst viel später klar geworden wäre.[71]

---

[68]siehe H.Brinkmann/R. Konersmann: Mode. In: Historisches Wörterbuch der Philosophie. Bd. 6. Basel 1984, S. 41; zitiert nach: Werner Sombart: Wirtschaft und Mode. Ein Beitrag zur Theorie der modernen Bedarfsgestaltung. Wiesbaden 1902, S. 11.
[69]vgl. König, S.14; referierend auf Erika Thiel: Geschichte des Kostüms. Die europäische Mode von den Anfängen bis zur Gegenwart. Berlin (Ost) 1982.
[70]vgl. ebd., S. 16.
[71]vgl. ebd., S. 254f.

Wie deutlich wurde, gab es die Phänomene, die in dieser Epoche an der Mode verurteilt werden schon früher. Es liegt ein Drang in der Gesellschaft, die Gründe für Beobachtungen wie Umweltzerstörung, Werteverfall verbunden mit gesteigerter Oberflächlichkeit etc. im Kapitalismus zu suchen. Dort sind sie jedoch nicht zu finden. Ebenso wenig in der Mode.[72] Beide sind jedoch mehr und mehr miteinander verbunden und haben sich ein System zurecht geschliffen, das viele Menschen erreicht und von vielen genutzt werden kann.

5.2 Massenproduktion und Massenmedien

Der Möglichkeit zur Massenproduktion ist es zu verdanken, dass die Mode nicht mehr nur den Reichen vorbehalten ist. Wie bereits mit Simmel gesagt, ist es nun die Mittelschicht, von der die größte Bewegung in der Mode ausgeht. Durch Massenproduktion ist es außerdem möglich, dass sich die Mode von Kleidung, Schmuck und Körperschmuck auch in andere Bereiche ausbreitet, die einer Herstellung bedürfen. Produkt- und Industriedesign sind hierfür die Stichworte.[73] Damit Objekte massenhaft produziert werden können, müssen sie die Kopplung an Persönliches aufgeben. Zum Einen bedarf es einer sehr differenzierten Produktion, d. h. mit vielen einzelnen Arbeitsschritten, für die viele verschiedene Menschen verantwortlich sind. Das Produkt bekommt also keine *persönliche Note*. Zum Anderen ist eine Voraussetzung für Massenproduktion, dass nicht auf die individuellen Verschiedenheiten der einzelnen Konsumenten eingegangen wird. Es ist also nicht möglich, sich durch ein Produkt an sich abzuheben. Das Objekt muss neu sein. Nur solange es noch wenige Personen besitzen, kann sich der Einzelne mit dessen Besitz hervortun.[74] Die Massenproduktion und der gestiegenen Wohlstand ermöglichen, dass sich fast jeder Modisches leisten kann. Doch es bedarf noch einer weiteren Voraussetzung, damit auch jeder weiß, was gerade in Mode ist – der Medien. Dank der Massenmedien verbreiten sich solche Informationen nicht nur rasend schnell

---

[72]siehe ebd., S. 253.
[73]vgl. dazu auch ebd., S. 25.
[74]mit Georg Simmel: Philosophie des Geldes. hrsg. v. David P. Frisby u. Klaus Christian Köhnke. In: Georg Simmel Gesamtausgabe. hrsg. v. Otthein Rammstedt. Bd. 6. Frankfurt am Main 1989, besonders S. 631.

sondern auch weltweit.

Elena Esposito verortet den Beginn der massenmedialen Kommunikation im Buchdruck. Ihre Existenzberechtigung und ihr Inhalt liegen in der Erzeugung und Vermittlung von Neuheiten. [75] Neuheiten darf hier nicht nur als Neuartiges verstanden werden. Abwechslung ist an dieser Stelle der entscheidende Faktor, da Bekanntes ebenfalls über Massenmedien kommuniziert wird. Nach Esposito seien der Bereich der Werbung und der der Unterhaltung daran beteiligt, eine Orientierung zu geben, was in Bezug auf Interessen und Vorlieben sowie Darstellung und Gestaltung der eigenen Individualität passt und was nicht. [76] Der Werbung und Unterhaltung möchte ich noch die sozialen Netzwerke an die Seite stellen. Alle drei verwachsen zunehmend miteinander. Was erkennbar wird, wenn man einen Blick in die Welt der Blogs und YouTube-Kanäle wirft.

So hat denn die Ausbreitung der Massenmedien auch zur Ausweitung der Macht der Mode beigetragen. *„Eine Mode im geheimen Kämmerlein gibt es nicht; die Mode will immer zur Welt.“*, So heißt es bei René König (Kursivierung im Originaltext). [77] Wenn immer mehr Menschen sehen können, was gerade Mode ist oder im Begriff ist, Mode zu werden, können sich auch mehr Menschen an diesem Prozess beteiligen.

An dieser Stelle soll der eingangs erläuterte Aspekt des Neides bei Simmel nochmals aufgegriffen werden. Wie aufgezeigt, stellt Neid dort eine Art Beziehung zum beneideten Objekt oder Individuum her. Nun sind es gerade die Medien, die uns mit *zu beneidenden* Persönlichkeiten in Verbindung bringen. Zu ihnen gehören vor allem Schauspieler, Musiker und andere Personen der Unterhaltungsbranche. So fern deren Lebensstil dem normalen Bürger sein mag, über Mode ist es möglich, diesem vermeintlich verheißungsvollen Leben näher zu kommen und sich etwas von ihm anzunehmen. [78]

---

[75] vgl. Esposito, S. 104f.
[76] siehe ebd., S. 167.
[77] siehe König, S. 52.
[78] vgl. dazu auch König, S. 166. Er beschreibt in diesem Zusammenhang die Paradoxie, welche sich zusammensetzt aus einer Art Verbundenheitsgefühl über die Ferne hinweg und einer geheimnisvollen Aura, die von dieser Ferne lebt.

6. Alles ist im Umbruch

Auch dieses Kapitel ist der Veränderung gewidmet – sowohl gesellschaftlichen Umschwüngen, Moden, die sich wandeln oder neu entstehen und zwar auf Grund gesellschaftlicher Umschwünge und der Lust am Neuen.

6.1 Gegenwart als verbleibende stabile Größe

Der Bezugsrahmen des Lebens war früher vornehmlich durch die Religion vorgegeben. Werte, Jahreszyklen, sogar das Leben bis über den Tod hinaus war in gewisser Weise vorgeschrieben und geregelt. Was durch die Religion nicht bereits vorgegeben war, erfolgte über das System der Stände, in die man hineingeboren war. Mit der Zunahme der Macht des Bürgertums und der damit einhergehenden Demokratisierung der Gesellschaft, fällt auch dieser Rahmen nach und nach weg. Wenn sich alles wandelt und Bezugs- und Orientierungspunkte des Lebens nicht mehr gesellschaftlich, religiös oder kulturell vorgegeben sind, erfüllt sich der Sinnspruch „Das einzig Gewisse ist die Veränderung". Die Zeit der Veränderung ist die Gegenwart Wenn sich etwas verändert, ist es immer *jetzt* und wird jedoch sogleich von einem neuen Augenblick abgelöst.[79]

Der Mode gelingt es, diese Instabilität zu etwas Positivem zu wanden. Sie lebt vom Wechsel und vermag es gleichzeitig, Anhaltspunkte zu stiften.[80]

6.2 Frauenmode

Modische Kleidung, Accessoires, Frisuren und Make-Up sind eine von Frauen beherrschte Domäne. Dem war durchaus nicht immer so. Vor einigen Jahrhunderten standen bei Hofe die Männer den Frauen in dieser Hinsicht in nichts nach.

Dass sich Frauen- und Männermode so unterschiedlich entwickelt haben, liegt für René König darin begründet, dass sich durch den, vom Puritanismus neu eingeführten Wirtschaftsstil das Bürgertum entwickelte und die Frauen der Arbeit entband. Da zu den Hauptinteressen des Mannes Arbeit und Geld gehörten,

---

[79]vgl. Esposito, S. 109.
[80]vgl. ebd., S. 154.

Reichtum in der sparsamen Gesellschaft jedoch verpönt war, hätten nun die Frauen den Reichtum des Mannes zur Schau getragen.[81]

Wie oben bereits erwähnt liegen die Gründe für die unterschiedlichen Geschlechtermode für Simmel in der schwächeren sozialen Stellung der Frau und einem daraus resultierenden Kompensationsbedürfnis. Außerdem suche sich das Wesen der Frau, welches er als gleichmütiger als das der Männer bezeichnet, wiederum dann im Außen eine Auszeichnung. Im Aufsatz *Zur Psychologie der Mode* führt Simmel noch einen weiteren Grund für die Andersartigkeit der Frauenmode an. Frauen seien untereinander gleicher als Männer und binden sich stärker an den sozialen Durchschnitt, so Simmel. Wohingegen sie dann jedoch auf dem Niveau dessen was sich schickt, alles an Individualisierung verwirklichen, was möglich ist.[82]

In jenem Aufsatz führt Simmel eine Hypothese zum Grad des Unterschiedes der Geschlechtermoden ein. Sie besagt, dass man am Ausmaß der Verschiedenheit von Frauen- und Männermoden ablesen könne, wie stark die betreffende Kulturperiode den Geschlechterunterschied bewertet.[83]

Die Freiheit in der Frauenmode, wie es sie heute gibt, ist dem Umstand zu verdanken, dass es in der westlichen Gesellschaft möglich ist, auf einer ästhetischen Ebene mit Erotik zu spielen, ohne Konsequenzen für diese Zurschaustellung sexueller Reize fürchten zu müssen. Dieser Wandel kommt dem bereits bei Simmel erwähnten Auszeichnungsbedürfnis der Frau zugute. Diese Möglichkeit sich eben als Frau zu zeigen und ihre individuelle Weiblichkeit zu betonen, spiegelt sich auch im starken Einfluss und Wachstum der kosmetischen Industrie wieder. König sieht im Bedürfnis zur Betonung der individuellen Weiblichkeit außerdem begründet, dass es für Frauen keine einheitliche Berufsbekleidung gibt.[84]

Neben dem Geschlecht spielt auch das Alter in der Mode eine Rolle – durch gesellschaftliche Wandlungsprozesse mit steigender Tendenz.

6.3 Jugendmode

---

[81] vgl. ebd., S. 158f.
[82] vgl. Simmel: Psychologie d. Mode, S. 110f.
[83] siehe ebd., S. 107.
[84] vgl. ebd., S. 169.

Die Jugendmode, wie es sie heute gibt, entwickelte sich erst infolge gesellschaftlicher Wandlungsprozesse. Jugend dauert heute länger. Sie endet mit dem Eintritt in die Erwerbstätigkeit, die durch die Zunahme der Ausbildungsdauer wegen der gesteigerten Spezialisierung der Berufe immer weiter nach hinten verschoben wird. Den jungen Erwachsenen bleibt nun wesentlich mehr Zeit zur persönlichen Bewusstwerdung, welche sich als ein Prozess des Suchens und Experimentierens darstellt. Die jungen Menschen sind dabei noch sehr flexibel, alles wandelt sich schnell. Da die Jugendlichen auch diejenigen sind, deren Affinität gegenüber Massenkommunikationsmitteln wie z.b. sozialen Netzwerken am stärksten ausgeprägt ist, geschieht der Austausch von In- und Output unheimlich schnell, welches den Modewandel ebenfalls beschleunigt. Durch die Verschiebung der Altersgrenze nach hinten, wird die Gruppe der Jugendlichen natürlich auch zahlenmäßig größer und dadurch ihr Einfluss auf den Wandel. Selbst wenn diese jungen Erwachsenen nun voll ins Berufsleben einsteigen, werden sie sich gegenüber der Mode anders verhalten als die Generationen vor ihnen, da sie den Prozess der Bewusstwerdung selbst durchlaufen sind.[85]

6.4 Neues und Wandel

So wie das Individuum sein Wesen nicht völlig unabhängig aus sich selbst heraus entwickelt hat, so kann es auch nie etwas gänzlich Neues geben, dass ein Mensch entwickelt. Wir knüpfen immer an Bekanntes an. Um uns eine Erscheinung zu erklären, greifen wir auf unsere Erfahrungen zurück. Dieser Erfahrungsschatz wird ebenfalls genutzt, um neue Kleider oder andere Gebrauchs- oder eben Modeartikel zu entwerfen. Die neuen Formen sind dann Abänderungen und Kombinationen von früher aufgenommenen Eindrücken.[86] Wir können nur das Wahrgenommene oder uns Bekannte umarbeiten und nichts gänzlich Neues aus uns hervorbringen. Auch das Phänomen der Inspiration ändert nichts daran, dass Ideen sich von einer Grundlage ausgehend entwickeln müssen. Für eine Entwicklung muss es immer einen Anfang geben. Dennoch sollte dadurch der Begriff des Neuen im modischen Wandlungsprozess nicht gänzlich verbannt werden, da Kreativität ein unablässiges Mittel der Mode ist und völlig neue Rahmen und Zusammenhänge schafft.

---

[85]mit König, S. 207ff.
[86]vgl. Kleinwächter, S. 4f.

„Historismus und Eklektizismus sind wesentliche Aspekte des Akkumulationsprozesses der Mode.", so König.[87]

Bis sich eine Mode durchsetzt braucht es eine gewisse Zeit. In dieser müssen die Eindrücke aufgenommen, als Mode erkannt und ihre Eigentümlichkeiten in Bezug zum eigenen Denken gesetzt sowie das Verhalten an sie angepasst werden. König bezeichnet dies als *Signalzeit*.[88]

Wenn sich eine Mode durchgesetzt hat, gilt es, weder der Erste, noch der Letzte zu sein, der ihr folgt. Der Erste könnte übereifrig wirken und dem Letzten könnte Starrsinn unterstellt werden.[89] Auf den Eifrigen kommt dann noch zu, dass nicht jeder sein Verhalten als Mode erkennt und ihn daher kritisch bewertet, wohingegen dem Letzteren Charakterschwäche unterstellt werden könnte, da er sich zunächst zu weigern schien und sich später dennoch in den Strom der Masse gegeben hat.

Wenn man nun aber selbst derjenige ist, der eine Mode angestoßen hat, die andere übernehmen, so verleiht es einerseits das Gefühl etwas Besonderes zu sein, auf der anderen Seite fühlt man sich durch den Geist der Gesamtheit getragen.[90] Es scheint sich um die gleiche Wirkung zu handeln, wie sie durch Nachahmung entsteht. Jedoch wird in diesem Fall das Individualitätsgefühl stärker betont und der Drang sich hervorzutun befriedigt. Außerdem hätte es auch schief gehen können und die Mode wäre ignoriert worden, weil die Anderen z.B. keinen persönlichen Anknüpfungspunkt gefunden haben.

Ein weiterer Grund für den Wechsel der Moden ist laut René König die Neugier, die dem Menschen als Trieb innewohnt. Von der elementarsten bis zur intellektuellsten Ebene des Geistes besitzt jeder Mensch einen Entdeckergeist mit einer, wie König es nennt „weltsprengenden Sehnsucht" nach uns bisher Unbekanntem.[91] Das Interesse an Neuem, das in der angeborenen Neugier des Menschen begründet liegt, ließe sich noch weiter zurück verfolgen. Neugier ist stärker als der Stillstand, als das Verharren im Gegebenen. Sie lässt uns Wege betreten, die möglicherweise unser Leben bereichern. So sind wir in der Mode bereit, Neues auszuprobieren, weil es uns vielleicht in noch besseres Licht zu rücken vermag oder unsere Lebensqualität in anderer Form steigert.

Dem Wort „Neuheit" haftet etwas Reines an, etwas Unberührtes. in der Mode ist

---

[87] siehe König, S. 61.
[88] vgl. König, S. 51.
[89] vgl. König, S. 49f.
[90] vgl. Simmel: Psychologie d. Mode, S. 110.
[91] vgl. König, S. 80f.

dem nicht so. Die Neuheiten dort haben etwas Forderndes, Zwiegespaltenes. „Das Neue ist, durch und durch institutionalisiert, ein käuflicher Wert. Doch der modischen Neuheit scheint in unserer Gesellschaft eine anthropologische Funktion zuzukommen, die bei aller Zweideutigkeit wohldefiniert ist: indem sie unvorhersehbar und systematisch, regelmäßig und unbekannt, zufällig und strukturiert zugleich ist, verbindet sie auf phantastische Weise das Intelligible, ohne das die Menschen nicht leben könnten, mit der Unvorhersehbarkeit, die man dem Mythos des Lebens beilegt."[92]

Das sind Gründe, warum wir ein Interesse an Neuerungen zum Beispiel im Bereich der Mode haben. Die Mode selbst interessiert es nicht, warum wir ihr folgen. Sie erfindet sich nur immer wieder neu und sichert so ihr Überleben. „Was bleibt ist nur Neuheit um der Neuheit willen, Veränderung als solche, ohne jeglichen Hinweis, wie diese realisiert und bewertet werden soll.", heißt es bei Elena Esposito.[93] Es geht auch wie gezeigt wurde, nur um das Neue an sich, ohne dass *neu* dabei irgendeine besondere Qualität mitbringen müsste. Es ist *neu* im Sinne von verändert, nicht im Sinne von unbedarft, unschuldig, rein oder gut.

7. Paradoxien, Widersprüchlichkeiten und Seltsamkeiten in Bezug auch Mode

Die Paradoxien, die sich in der Mode aus dem Gegensatz von Wandel und Beständigkeit ergeben, klangen im Abschnitt über Simmel bereits an und werden im Folgenden noch einmal aufgegriffen. Nach ihnen finden sich noch weitere, die in Zusammenhang mit den bisher behandelten Themen stehen.

7.1 Wandel und Beständigkeit

Das erste Paradoxon, dass uns auf den letzten Seiten immer wieder begegnet ist und an dieser Stelle noch ein Mal hervorgehoben werden soll, ist das vom plötzlichen Wechsel und der gleichzeitigen Dauerhaftigkeit. Auf der einen Seite

---

[92]siehe Roland Barthes: Die Sprache der Mode. Frankfurt am Main 1985, S. 310.
[93]siehe Esposito, S. 155.

wechseln Moden immer fort, aber das Vorhandensein von der Mode an sich, ist beständig.

Ebenso verwundert es, dass die Mode trotz ihrer plötzlichen Wechsel auf das Beharrlichste ihr Befolgung fordert.

Auf eine andere Weise stehen sich Beständigkeit und Wandel gegenüber, wenn man betrachtet, dass die Mode stets etwas Äußerliches bleibt, eben weil sie wechselhaft ist und sich diese Wechselhaftigkeit an dem beständgen Ich misst.[94]

7.2 Kauf, Gebrauch, Verschleiß

Beim Gang durch die Stadt mag Fußgänger eines besonders verwundern – Ausverkauf, obwohl weder das Geschäft geschlossen wird, noch die Saison endet. René König begründet dies so, dass auf diese Weise nachgeholfen werde, eine Mode populär zu machen. Denn auf der anderen Seite, werde aus der Mode gekommenes, egal wie günstig es gemacht wird, kaum noch gekauft[95], weshalb es für die Händler gilt, die Waren rechtzeitig, also bis spätestens zum Höhepunkt der Mode abzuverkaufen.

Bei einem neuen Modeartikel steigen Kauf und Gebrauch zunächst gleichmäßig an. Doch wenn der Kauf bereits rückläufig ist oder sogar ruckartig ganz abbricht, hält der Gebrauch noch eine gewisse Zeit an und fällt dann langsam ab. Die siple Erklärung dafür liefert die Tatsache, dass die Sachen aufgetragen werden müssen.[96] Um den Modewandel nicht zu hemmen, dürfen die für die Modeartikel verwendeten Materialien nicht *zu* gut sein und müssen relativ bald dem Verschleiß nachgeben, um Platz zu machen für Neues.[97]

7.3 Konsumterror

Eine Auffälligkeit, die noch Erwähnung finden sollte ist, dass Mode häufig mit dem Begriff *Konsumterrors* in Zusammenhang gebracht wird, als könne sich das Individuum nicht gegen die Macht der Medien und insbesondere der Werbung

---

[94] vgl. Simmel: Psychologie d. Mode, S. 111.
[95] vgl. König, S. 186.
[96] vgl. König, S. 184.
[97] vgl. König, S. 185.

wehren. René König kontert diese These entschieden mit folgenden drei Feststellungen. Erstens wird dem einzelnen Individuum nicht das gesamte Spektrum der Waren zu unterbreitet und zweitens handelt es sich nicht um isolierte Individuum, die drittens auch nicht uneingeschränkt kauffreudig sind. Jedes Individuum hat Konsumgewohnheiten und nimmt auch nicht jeden Reiz ungefiltert auf, sondern selektiert ganz individuell. Als weiterer Faktor kommt die Situation, in der sich das Individuum gerade befindet, hinzu. Eine Werbung für gekühlte Brause führt im Sommer zu mehr Erfolg als im Winter. Wenn es überhaupt nicht zu den Gewohnheiten des Einzelnen gehört, Brause zu trinken, wird er sich selbst im Sommer durch diese Werbung vielleicht lediglich dazu aufgefordert sehen, zu seiner Wasserflasche zu greifen, aber er wird dennoch nicht zum Brausetrinker werden.[98]

7.4 Anti-Moden

Wo es eine Mode gibt, gibt es auch immer Menschen mit einer ablehnenden Haltung ihr gegenüber. So bilden sich mit dem Aufkommen von Moden von Zeit zu Zeit auch Anti-Moden. Diese bestehen nicht bloß aus einem unmodischen Verhalten, indem sie der Mode einfach nicht folgen, sondern, in dem sie das Gegenteil zum Prinzip erklären. Somit wird auch deutlich, warum Simmel diese Moden als Moden mit umgekehrten Vorzeichen bezeichnet.[99] Dass Anti-Moden selbst zu Moden werden können, zeigt das Beispiel der Punk-Mode sehr gut, die sich bereits seit einigen Jahrzehnten beständig hält und von der mehr und mehr Elemente in der Gesellschaft Akzeptanz finden und Mode werden, wie Hosen, die bereits beim Neukauf zerschlissen wirken, Tattoos, Piercings und Haare, die zum Teil ausrasiert (Undercut) oder in den buntesten Farben gefärbt sind.
Somit gelingt es der Mode sogar, sich ihren Gegensatz einzuverleiben und macht es gleichzeitig umso schwieriger, sich ihr zu widersetzen.[100]

7.5 Scham und Verhüllung

---

[98] vgl. König, S. 220ff.
[99] vgl. Simmel: Phil. d. Mode, S. 20.
[100] vgl. Esposito, S. 17.

Kleidung verhüllt den Körper. Die Grundmotivationen zur Verhüllung sind Schutz vor Witterung und Scham. Der Widerspruch, auf den diese einleitenden Worte abzielten, tut sich auf, wenn man betrachtet, wie sehr bei der Bekleidung und auch beim Anlegen von Schmuck und Make-Up auf die Betonung sexuellen Reize geachtet wird. Der Träger oder die Trägerin möchte möglichst attraktiv wirken. Dafür nutzt er oder sie eine Kombination aus Zeigen/Betonen und Bedecken/Verbergen. Es ist ein Spiel aus Enthüllung und Verhüllung, das diesen Gegensätzen einen gewissen Reiz hinzufügt. Verhüllung vermag es häufig mehr zu reizen als bloße Enthüllung.

7.6 Das Individuum im Staat

Auf der einen Seite werden alle Gesellschaftsmitglieder gleich gemacht, indem sie für den Staat eine Nummer sind, wie z.B. die Sozialversicherungsnummer. Wenn ein Bürger gesundheitlicher oder finanzieller Hilfe bedarf, entscheidet darüber kein Verantwortlicher, der sich persönlich erkundigt. Es gibt zwar Fachkräfte, die die Sachlage aufnehmen, aber die Entscheidungen werden entsprechend Gesetzten und allgemeingültigen Regelungen getroffen.

Obwohl auf diese Weise jeder gleich vor den Augen des Staates ist, wird er dennoch als Individuum und nicht als *Tochter oder Sohn des Sowieso aus der Sippe Diesunddas* betrachtet - führt doch eben jene Sozialversicherungsnummer genau zu diesem einen Menschen.[101]

8. Schluss

Mode ist ein Phänomen mit einem weitgespannten Einflussbereich. Sie ist omnipräsent und kaum greifbar zugleich. Sie umfasst alles und ist selber doch

---

[101]vgl. Elias, S. 242.

nichts. Sich ihr zu entziehen ist nicht möglich, da sie selbst ihr Gegenteil mit einschließt. Dennoch ist sie in gewisser Weise von den Menschen abhängig. Mode lebt durch die Gesellschaft. Sie bedient die Bedürfnisse der Individuen nach Anlehnung und Abhebung. An dieser Stelle scheint sie sich den Menschen zu unterwerfen. Dennoch ist sie es, die über die Inhalte und den Zeitpunkt ihres Wechsels bestimmt.

In der Vielfalt der Menschen und Möglichkeiten liegt der Grund, warum etwas Zufälliges und Beliebiges wie die Mode entscheidet und nicht die Individuen selbst, was passt und was nicht. Ansonsten müssten sich alle Menschen in einen Diskurs begeben und die Ins und Outs ausarbeiten. Es könnte der Eindruck entstehen, dass dies mit Hilfe der Massenkommunikationsmittel bereits möglich ist und auch durchaus schon geschieht. Doch die Menschen wählen auf diesen Plattformen nicht die Inhalte der Mode, sondern tauschen sich nur über diese aus, wodurch sie sich verbreiten, aber nicht entstehen.

Dennoch lebt die Mode von den Impulsen der Individuen. Es gibt immer einen Punkt, an dem eine Mode ihren Anfang nimmt. Mit dem Gedanken der Nachhaltigkeit im Hinterkopf, könnten solche Impulse durch Einzelne gesetzt werden. Tatsächlich findet dies auch bereits statt. Ökologisch und sozial nachhaltiges Denken scheint in Mode zu kommen. Nun könnte das Wissen darum, dass eine Mode abgelöst wird, sobald eine Vielzahl von Menschen ihr folgt, diesen Eindruck trüben. Es besteht jedoch die Möglichkeit, dass sich eine Mode zu einem Stil weiterentwickelt. Dieser ist weniger flüchtig.

An dieser Stelle könnte die Forschung zum Thema, Nachhaltigkeit mit Mode zu verbinden, fortsetzen. Zum einen muss die Frage geklärt werden, ob der Trend zu nachhaltigem Denken einer Mode entspricht oder einem tieferen kulturellen Wandel entspringt. Wenn es sich um einen kulturellen Wandel handelt, wird sich dort auch die Mode einbringen. Interessant wäre also zu klären, wie eine Mode zu einem Stil wird. Es müsste nach Bedingungen gesucht werden, die dazu führen, dass ein Gegenstand längerfristig interessant und reizvoll bleibt, vielleicht weil er aus sich selbst heraus neue Reize generieren kann.

Literaturverzeichnis

Baell, Eike: Mode – Sprache des Selbst?. In: der blaue reiter – Journal für Philosophie. Ausgabe 24. Echt sein. Jg.2007, Heft 2.

Barthes, Roland: Die Sprache der Mode. Frankfurt a. M. 1985.

Brinkmann, Hennig; Konersmann, Ralf: Mode. In: Hrsg.: Ritter, Joachim; Gründer, Karlfried; Gabriel, Gottfried: Historisches Wörterbuch der Philosophie. Bd.5. Basel 1984.

Eberlein, Undine: Einzigartigkeit. Das romantische Individualitätskonzept der Moderne. Frankfurt a. M. 2000.

Elias, Norbert: Die Gesellschaft der Individuen. Hrsg.: Schröter, Michael. Frankfurt a. M. 1987.

Esposito, Elena: Die Verbindlichkeit des Vorübergehenden: Paradoxien der Mode. Frankfurt a. M. 2004.

Harms, Ingeborg: Hardbody – Softbody. Die Schönheit trägt Waffen. In: der blaue reiter – Journal für Philosophie. Ausgabe 12. Schön sein. Jg. 2000, Heft 2.

Junge, Matthias: Georg Simmel kompakt. Bielefeld 2009.

Kleinwächter, Friedrich: Philosophie der Mode. Berlin 1880.

König, René: Menschheit auf dem Laufsteg. die Mode im Zivilisationsprozess. Hrsg.: Thurn, Hans Peter. In: von Alemann, Heine; Hummel, Hans Joachim; König, Oliver, Thurn, Hans Peter (Hrsg.): René König. Schriften. Bd.6. Opladen 1999.

Schnierer, Thomas: Die (Ir-)Rationalität der Mode und ihre theoretische Bewältigung. In: Soziale Welt. Göttingen. Jg.1995, Heft 2.

Simmel, Georg: Zur Psychologie der Mode. In: Dahme, Heinz-Jürgen; Frisby, David (Hrsg.): Aufsätze und Abhandlungen 1894-1900. In: Rammstedt, Otthein (Hrsg.): Georg Simmel Gesamtausgabe. Bd.5. Frankfurt a. M. 1992.

Simmel, Georg: Philosophie des Geldes. Hrsg.: Frisby, David; Köhnke, Christian. In: Rammstedt, Otthein (Hrsg.): Georg Simmel Gesamtausgabe. Bd.6. Frankfurt a. M. 1989.

Simmel, Georg: Philosophie der Mode. In: Behr, Michael; Krech, Volkhard; Schmidt, Gert (Hrsg.): Philosophie der Mode (1905). Die Religion (1906/1912). Kant und Goethe (1906/1916). Nietzsche und Schopenhauer (1907). In: Rammstedt, Otthein (Hrsg.): Georg Simmel Gesamtausgabe. Bd.10. Frankfurt a. M. 1995.

Simmel, Georg: Individualismus. In: Hrsg.: Latzel, Klaus: Aufsätze und Abhandlungen 1909-1918. Bd.2. In: Rammstedt, Otthein (Hrsg.): Georg Simmel Gesamtausgabe. Bd.13. Frankfurt a. M. 2000.